문화가 담긴 색칠 그림책
세계의 전통 의상

윤소리
성신여자대학교를 졸업하고 초등학교 미술 강사로 재직하였고,
현재는 드림홍익미술에서 학생들을 지도하면서 작품 활동을 하고 있습니다.

세계의 전통 의상

그림 윤소리
처음 찍은날 2015년 5월 15일
처음 펴낸날 2015년 5월 22일
펴낸곳 이론과실천
펴낸이 최금옥
등록 제10-1291호
주소 (110-811) 서울시 마포구 포은로 8길 32 (국일빌딩) 201호
전화 02-714-9800
팩시밀리 02-702-6655

ⓒ 윤소리

ISBN 978-89-313-8201-3 (세트)
ISBN 978-89-313-8202-0 77650

이 책의 내용을 일부 또는 전부를 사용하려면
반드시 저작권자와 이론과실천 양측의 동의를 모두 얻어야 합니다.

*값 6,900원
*잘못된 책은 바꾸어 드립니다.

문화가 담긴 색칠 그림책

세계의 전통 의상

윤소리 그림

한국

한복은 윗옷과 아래옷이 분리되어 활동하기 편해요.
봄, 여름, 가을, 겨울에 따라 계절에 맞는 천으로 만들었고
몸을 감싸는 형식이라 추위를 견디기 좋아요.

뱃씨 여자아이 머리 장식품

저고리 한복의 여자 윗옷. 길, 깃, 동정, 고름, 소매 등으로 구성돼요.

댕기 땋은 머리끝에 묶는 장식용 헝겊

노리개 한복 저고리의 옷고름 또는 치마 허리에 차는 여성 장신구

치마 저고리와 함께 입는 여자 아래옷. 폭을 붙이고 주름을 잡아 허리에 달아서 가슴 부분에 매어 입어요.

꽃신

버선 무명, 광목천으로 발 모양과 비슷하게 만들어 발에 신어요. 추운 지역에서는 겹으로 만들거나 솜을 넣기도 해요.

일본

기모노는 미혼 여성, 기혼 여성에 따라 그리고 목적에 따라 옷감의 종류와 모양, 색깔, 입는 법이 달라요.
몸에 딱 달라붙는 옷이라 걸음걸이가 종종걸음이 돼요.

기모노
왼쪽 옷자락으로 오른쪽을 여미고 허리에 오비를 둘러 묶어요.

오비
옷자락을 여미는 넓은 허리띠

다비
엄지발가락과 둘째 발가락 사이가 갈라져 있는 버선

카미카자리(칸자시)
머리 장신구

게다
바닥의 앞과 옆에 구멍을 뚫어 끈을 꿰어서 신는 일본식 나막신

오비지메
오비가 풀어지는 것을 막는 얇은 끈

중국

빨간색이 돈과 행운을 불러온다고 생각해서 빨간색 옷을 즐겨 입어요.
옆이 길게 트인 치파오는 색깔이 강렬하고 화려한 자수가 놓여요.
남자들이 입는 옷에는 둥근 옷깃을 세우고 매듭단추를 달아요.

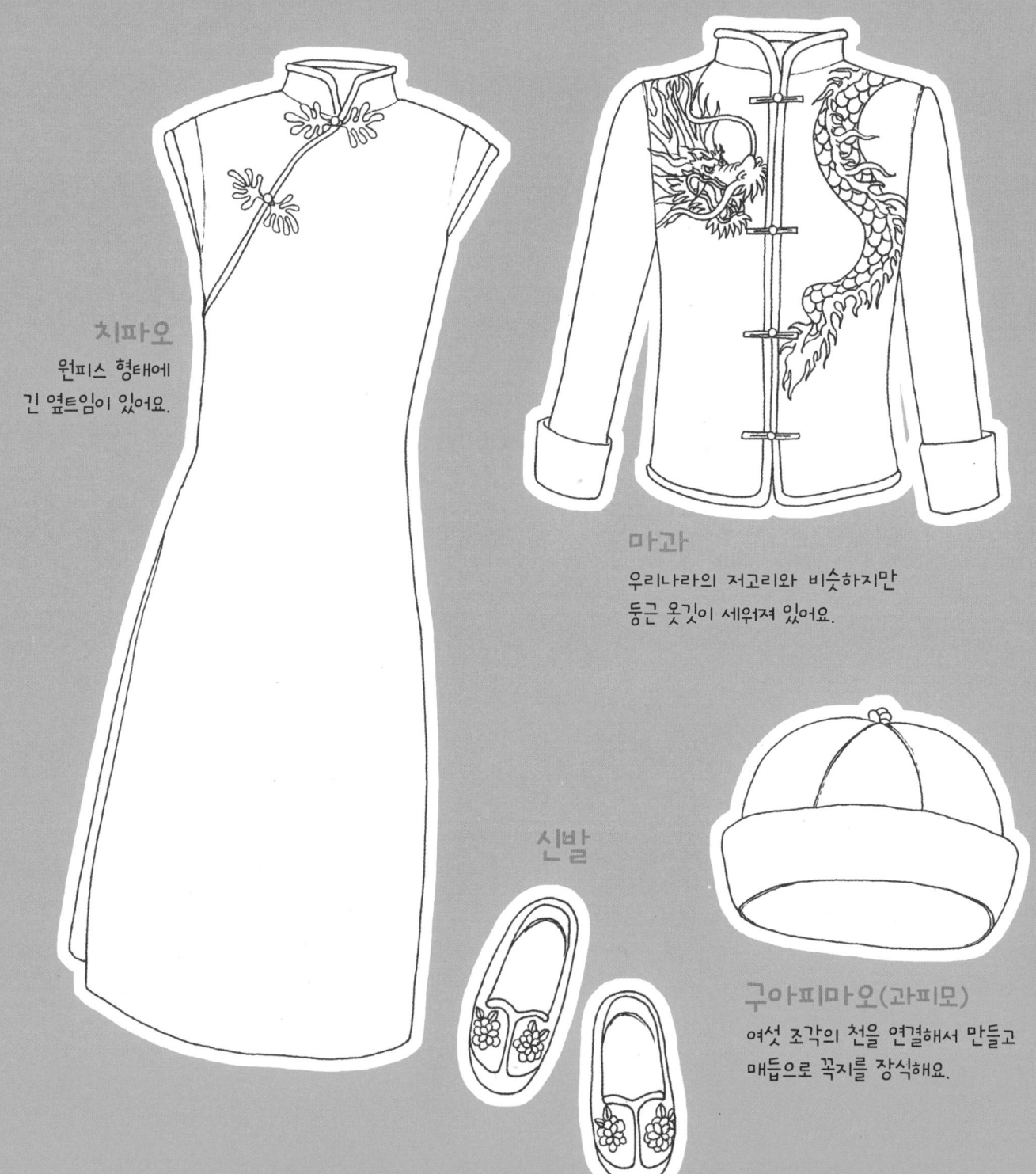

치파오
원피스 형태에 긴 옆트임이 있어요.

마과
우리나라의 저고리와 비슷하지만 둥근 옷깃이 세워져 있어요.

신발

구아피마오(과피모)
여섯 조각의 천을 연결해서 만들고 매듭으로 꼭지를 장식해요.

베트남

날씨가 더워서 얇고 바람이 잘 통하는 아오자이를 입어요. 아오자이는 긴 옷이라는 뜻인데 중국 전통 의상에서 영향을 받아 긴 옆트임이 있어요. 결혼하지 않은 여자는 흰색을, 결혼한 여자는 색깔 있는 아오자이를 입어요.

아오자이
얇은 천으로 옷을 지어요. 몸매의 나쁜 부분을 감추고 예쁜 부분을 도드라져 보이게 해요.

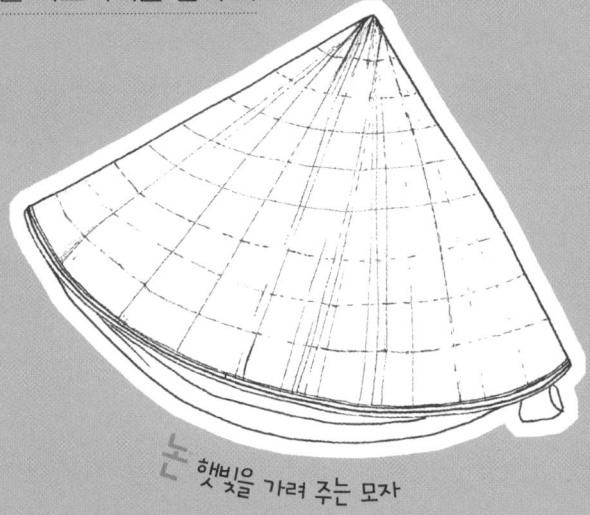

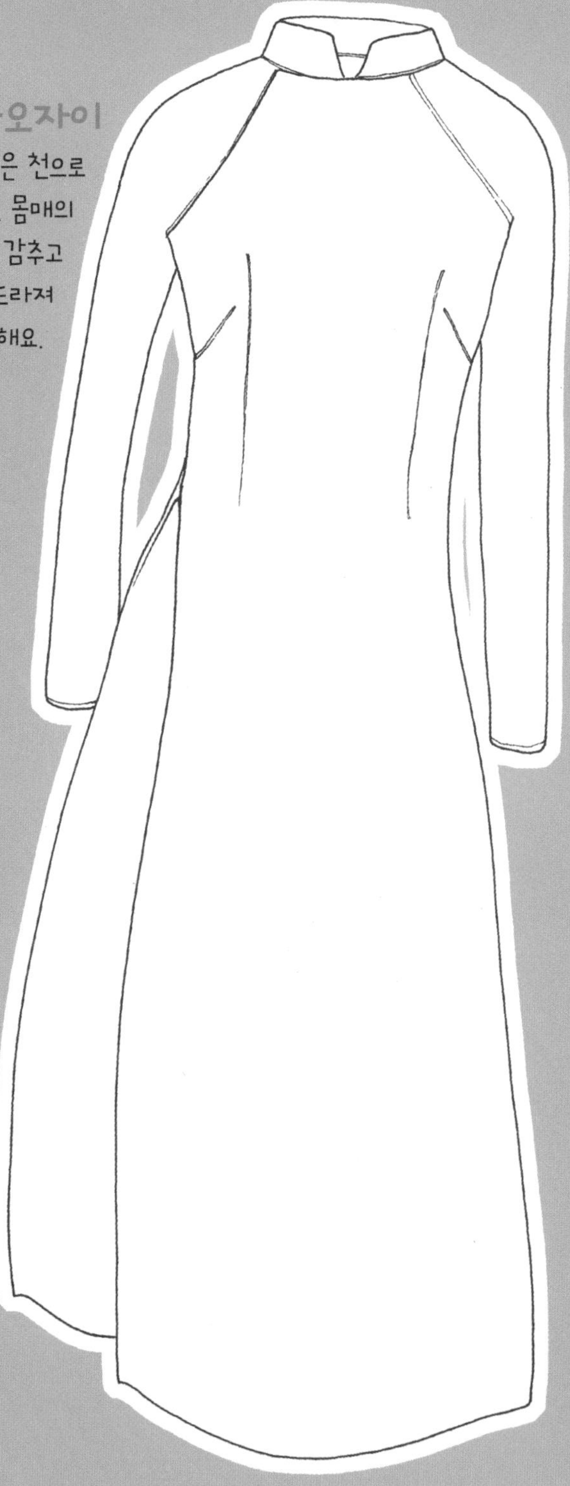

논 햇빛을 가려 주는 모자

바지
헐렁하게 만들어져 바람이 잘 통해요.

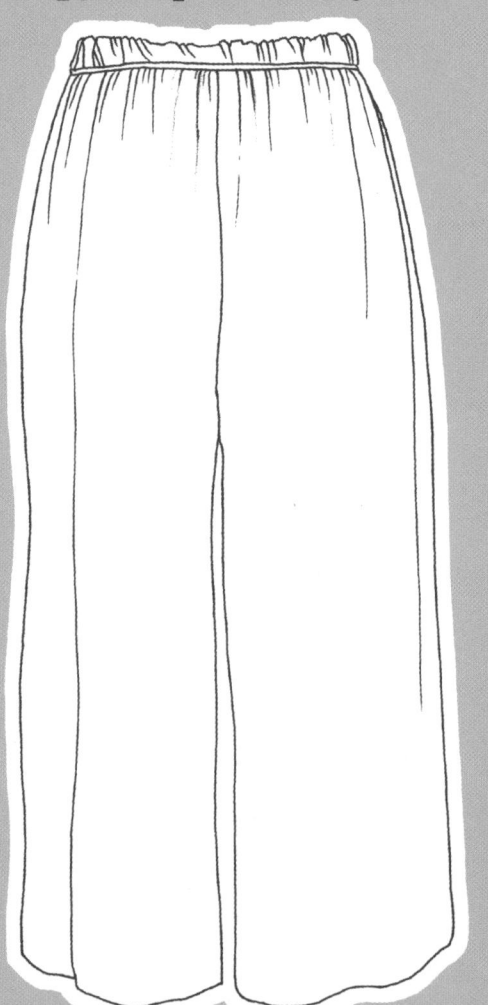

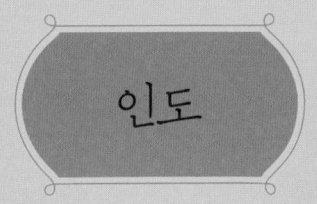

인도

지역과 계급에 따라 입는 옷이 다르지만 보통 바느질을 한 옷과 하지 않은 옷으로 나뉘어요.
바느질을 하지 않은 옷은 긴 천으로 되어 있어서 맨몸에 둘러 입어요.
여자가 입는 사리는 노란색, 빨간색 등 화려한 색깔과 무늬가 많아요.

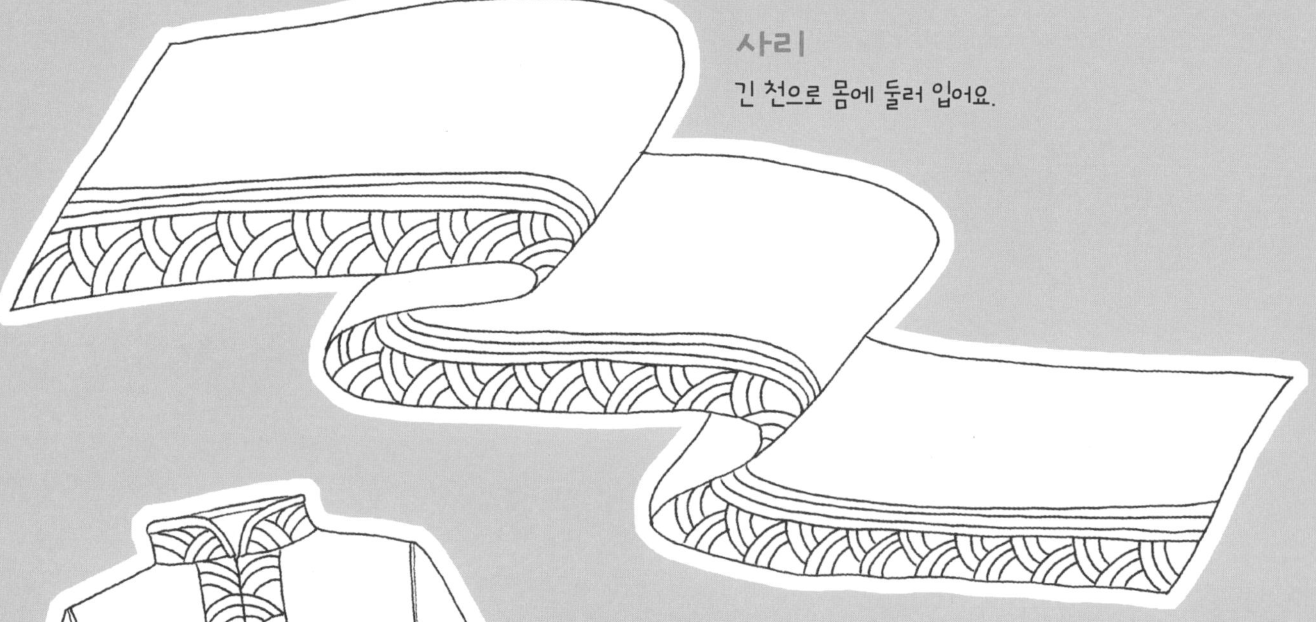

사리
긴 천으로 몸에 둘러 입어요.

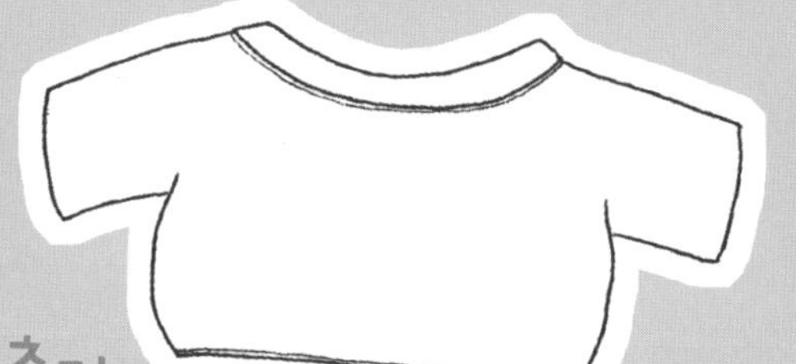

촐리
허리 부분을 노출하는 윗옷.
보통 사리와 함께 입어요.

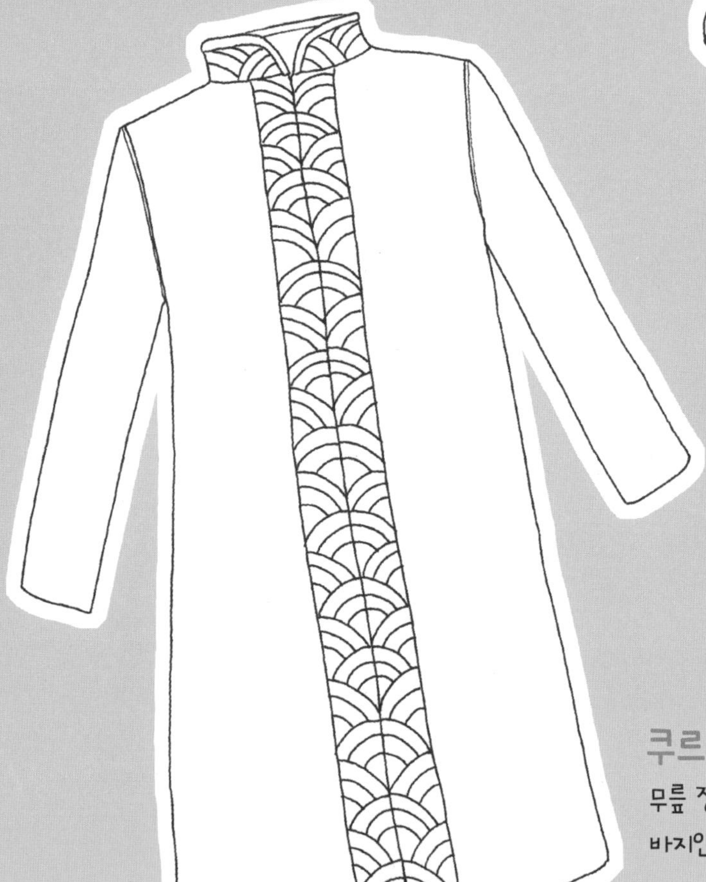

쿠르타
무릎 정도 길이의 윗옷으로, 헐렁하게 입는 바지인 피자마와 함께 입어요.

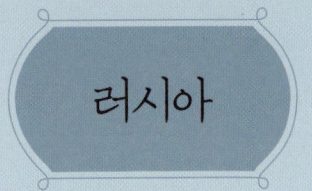

러시아

땅이 넓어 민족이나 지역에 따라 입는 옷이 달라요. 손님이 오면 여자들이 화려한 전통 의상인 사라판을 입고 빵과 소금을 들고 맞이하는 풍습이 있어요. 사라판 안에는 소매가 풍성한 흰색 블라우스를 받쳐 입어요.

블라우스
소매가 풍성하고 흰색이 많으며 화려한 자수를 수놓기도 해요.

사라판
소매 없는 긴 드레스

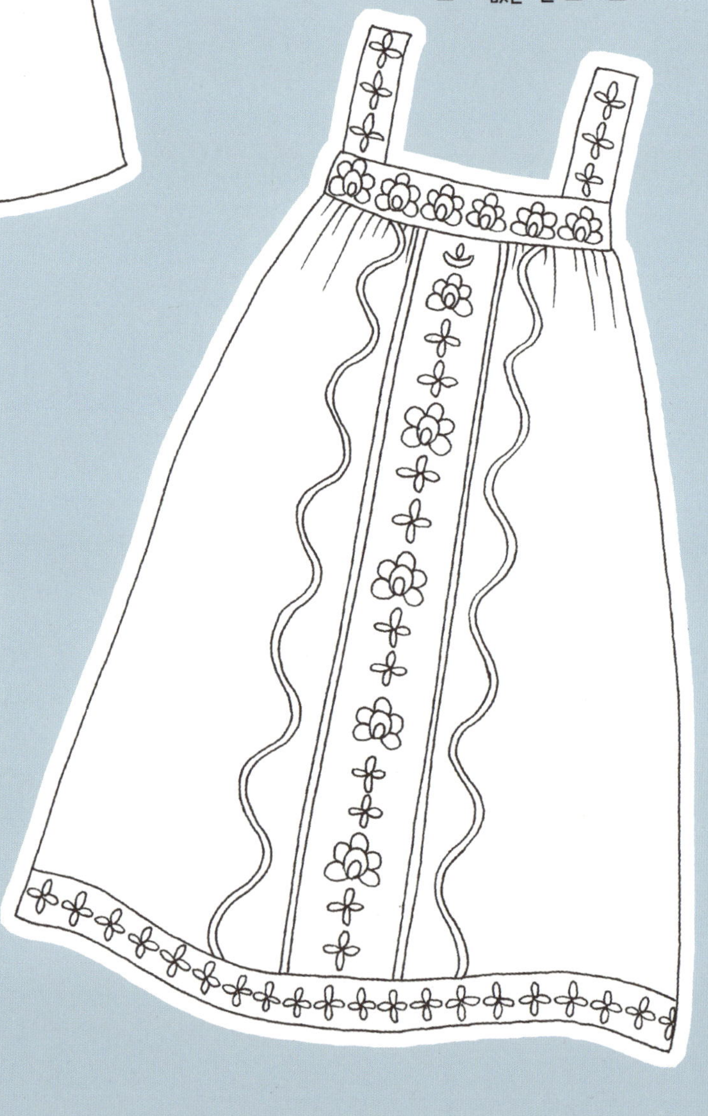

코코쉬닉
큰 원형의 머리 장식으로, 양옆의 큰 리본을 머리 뒤로 묶어서 고정시켜요.

영국

스코틀랜드 고지대와 아일랜드에서 입는 남자 정장인 킬트가 있어요. 킬트는 허리에서 무릎까지 오는 스커트로 집안이나 신분을 나타내는 타탄이라는 체크무늬가 있어요. 추운 날씨 때문에 두꺼운 모직으로 만들어요.

킬트
세로로 주름이 잡힌 느슨한 스커트

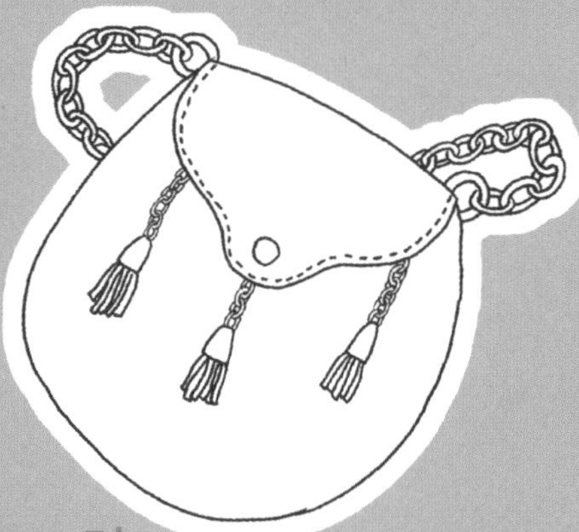

스포란
킬트 앞 중앙에 차는 작은 가죽 주머니

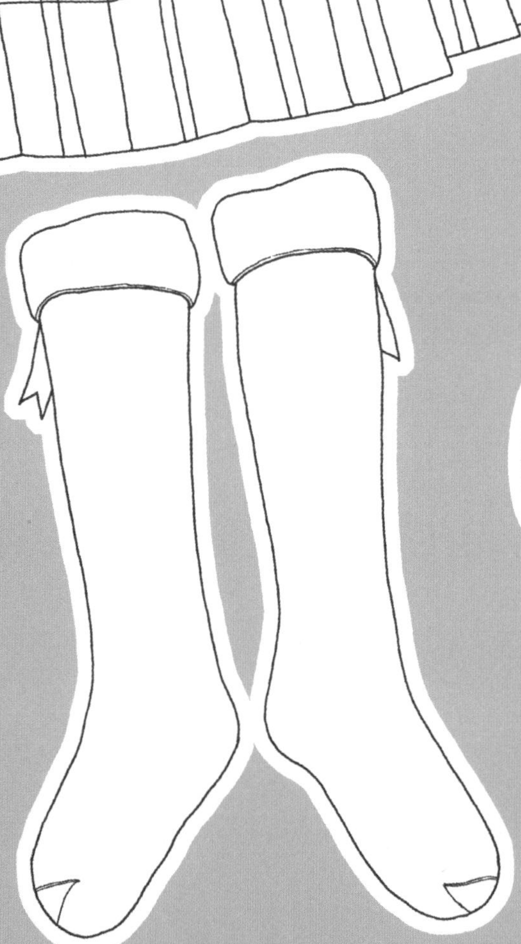

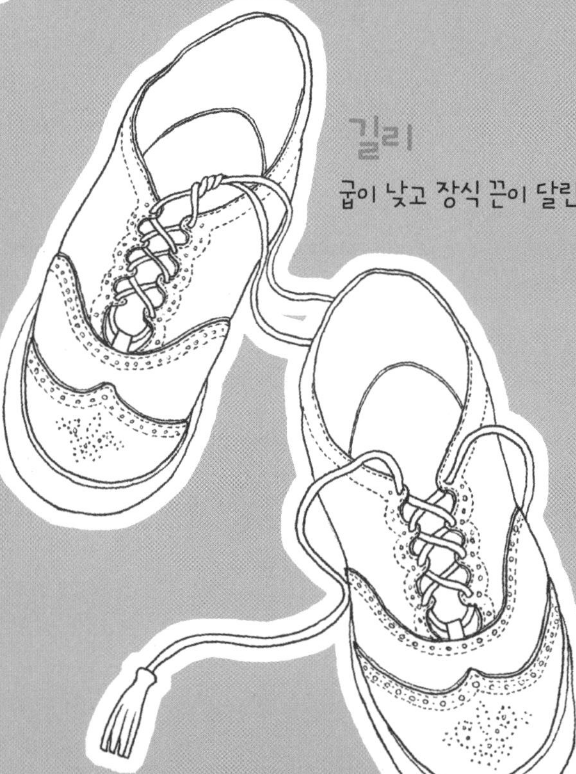

길리
굽이 낮고 장식 끈이 달린 구두

독일

알프스 산맥에 사는 남자들이 주로 입는 옷을 레더호젠이라고 해요. 스위스, 오스트리아에서도 같은 옷을 입는데, 반바지에 가죽장화를 신고 윗옷에는 트랭거라는 멜빵을 걸쳐요. 여자들은 긴 스커트에 앞치마를 단 드린딜을 입어요.

드린딜
옷감의 무늬나 색상이 다양하지만, 모두 면으로 된 천으로 만들고 앞치마가 있어요.

블라우스

레더호젠
검정색, 갈색, 회색, 올리브색이 많고 바지 아래에 긴 양말을 신어요.

트랭거
윗옷에 걸치는 멜빵. 지역에 따라 앞부분의 무늬가 달라요.

네덜란드

바다보다 땅이 낮아 땅이 질퍽거려요.
습기를 막고 발을 따뜻하게 해 주는 '크롬펜'이라는 나막신을 신어요.
화훼국가답게 네덜란드 의상에는 꽃무늬가 많이 들어가요.

크롬펜
나무로 깎아 만들어요.

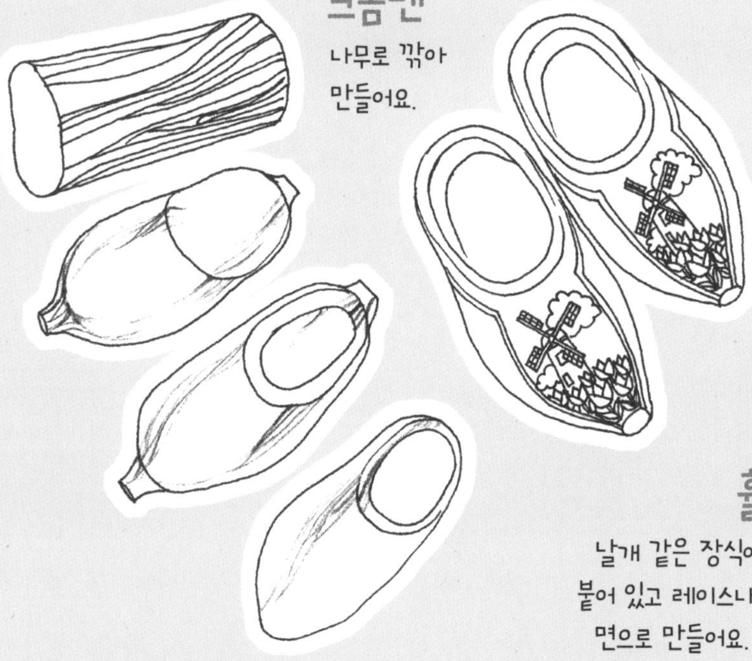

훌
날개 같은 장식이 붙어 있고 레이스나 면으로 만들어요.

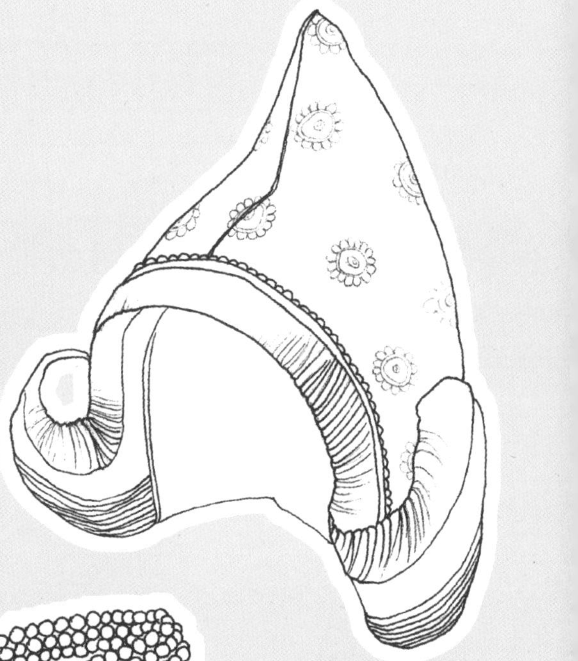

카풀랍
가슴과 등을 덮는 천

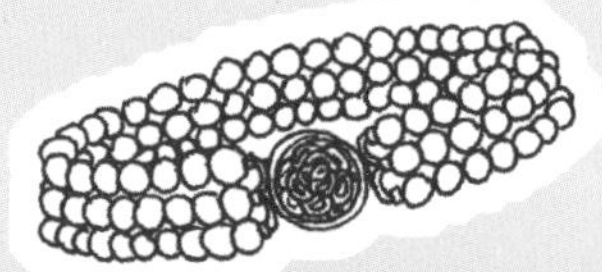

산호 목걸이

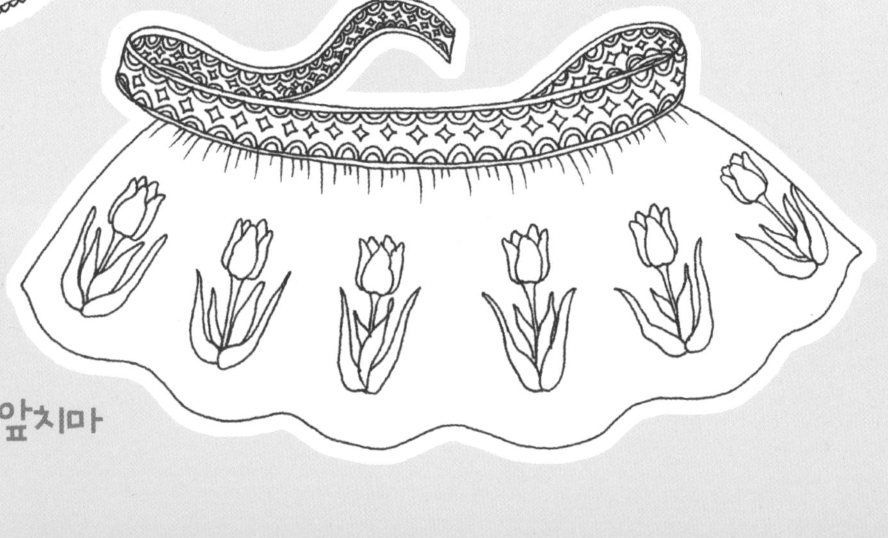

앞치마

멕시코

지형이 대부분 사막과 산으로 이루어져 낮과 밤의 온도차가 커요.
뜨거운 햇빛과 추위를 이겨낼 수 있는 옷인 '판초'를 입어요.
스페인의 영향을 받아 스페인 민족 의상과 비슷한 모습을 보여요.

우이필
보통 소매가 없이 양쪽 겨드랑이 밑만 꿰매지만, 지역마다 형태가 조금씩 달라요. 시원한 천과 독특한 무늬로 만들어져요.

솜브레로
챙이 아주 넓고 끝이 말려 올라간 모자. 뜨거운 햇빛을 막아 주요.

판초
모포와 같은 천 중앙에 구멍을 뚫어 머리를 넣어 입는 망토 형태의 겉옷

하와이

따뜻한 열대 기후의 화산섬이에요.
여자는 화려한 색과 무늬로 프린트가 된 편한 원피스 형태의 무무를 입어요.
남자 역시 화려한 프린트 무늬의 알로하셔츠를 즐겨 입어요.

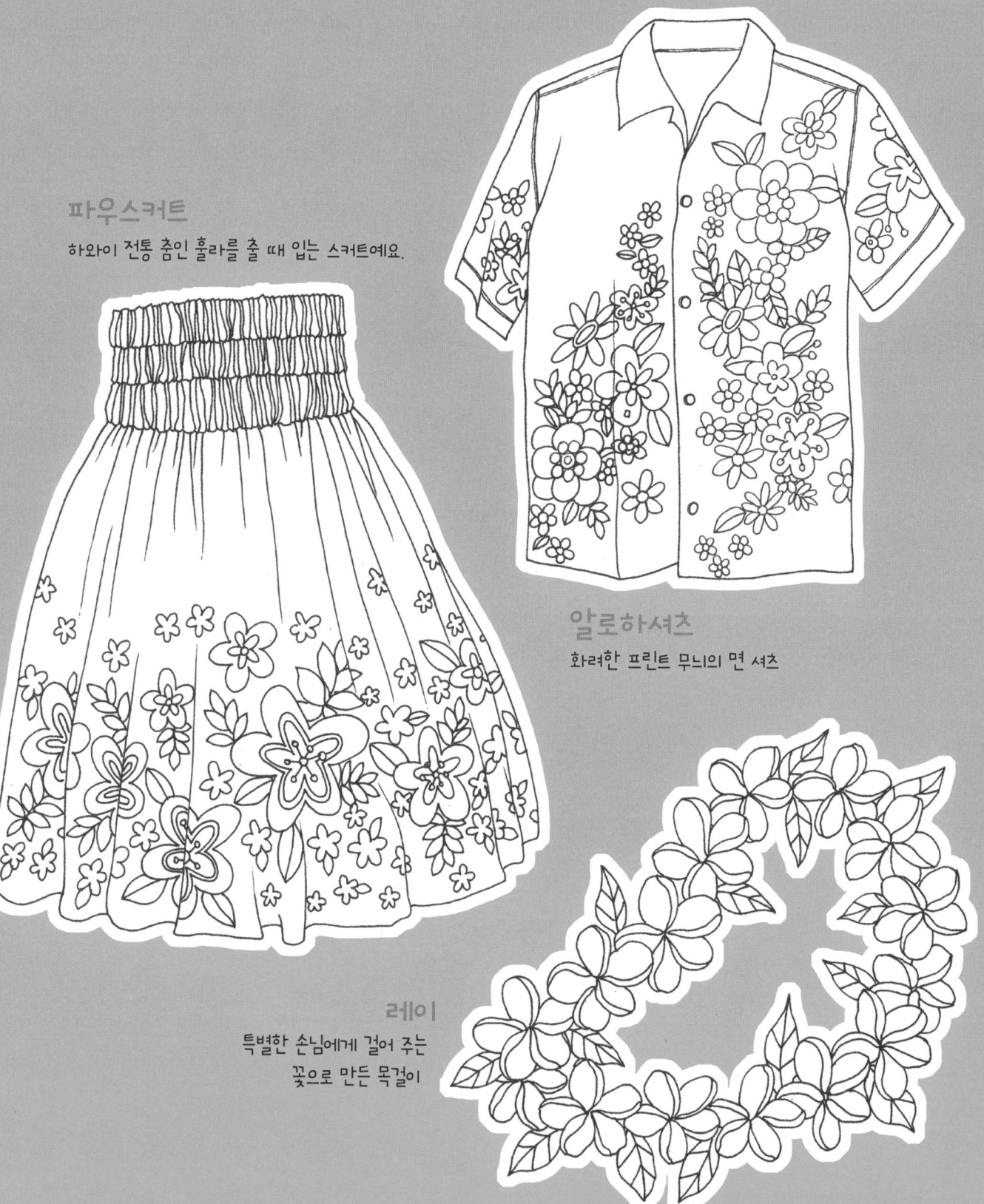

파우스커트
하와이 전통 춤인 훌라를 출 때 입는 스커트예요.

알로하셔츠
화려한 프린트 무늬의 면 셔츠

레이
특별한 손님에게 걸어 주는
꽃으로 만든 목걸이

알래스카

순록의 털로 만든 가볍고 따뜻한 옷을 입어요.
겉옷은 털을 바깥으로 향하게 하고, 속옷은 털을 안쪽으로 향하게 해서
보온 효과를 높여요. 옷에는 전통적으로 단추를 달지 않아요.

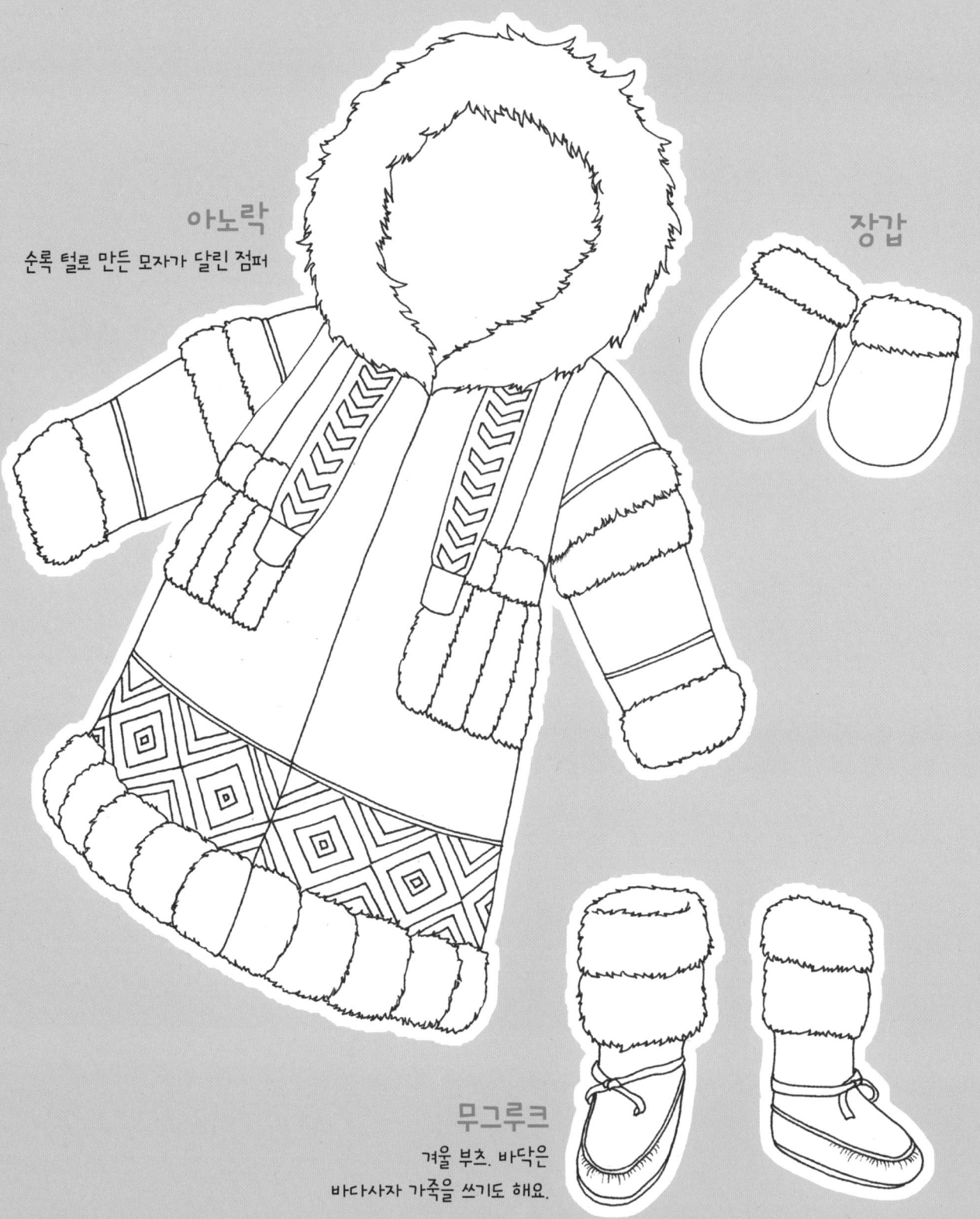

아노락
순록 털로 만든 모자가 달린 점퍼

장갑

무그루크
겨울 부츠. 바닥은
바다사자 가죽을 쓰기도 해요.

이집트

뜨겁고 건조한 날씨 때문에 바람이 잘 통하는 마직 천으로
간단히 허리 아래만 두르거나 위에 느슨하게 둘러 입어요.
거대한 가발과 머리 장식, 신체 곳곳의 보석 장신구로 신분을 표현해요.
남녀 구분 없이 앞이 둥글거나 뾰족한 샌들을 즐겨 신어요.

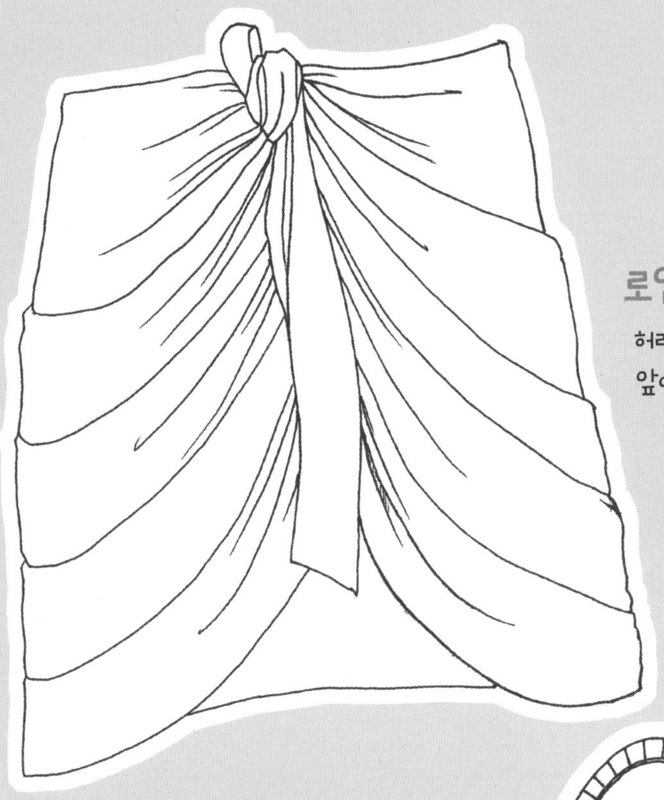

로인클로스
허리에 두르는 단순한 형태로
앞에 장식이나 벨트를 달기도 해요.

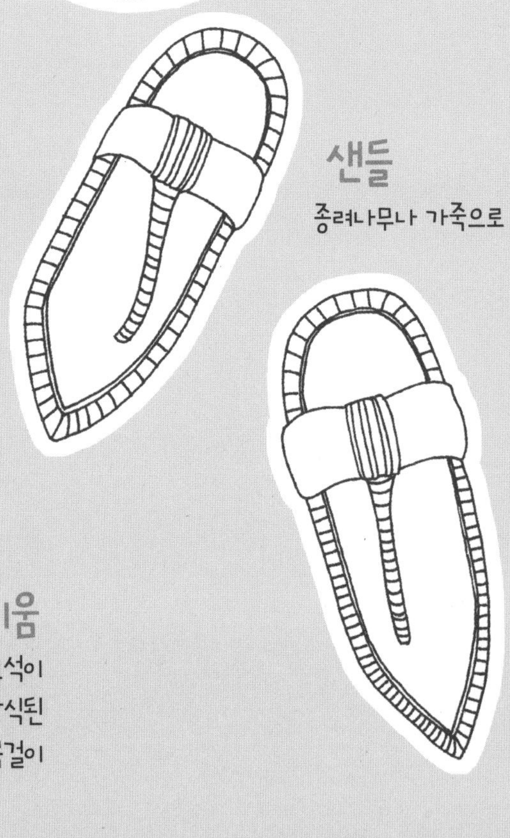

샌들
종려나무나 가죽으로 만들어요.

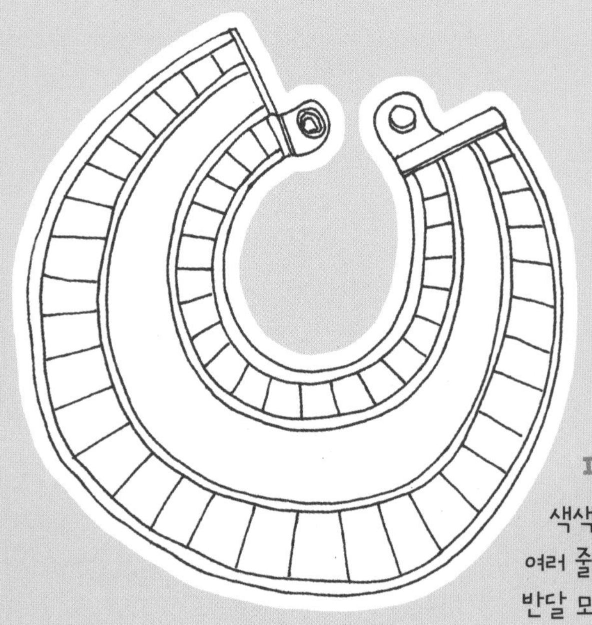

파시움
색색의 보석이
여러 줄로 장식된
반달 모양 목걸이

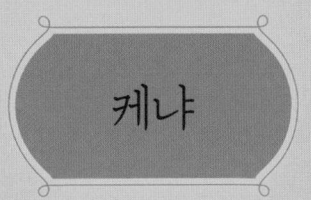
케냐

날씨가 더워서 단순한 형태와 화려한 색상의 옷을 즐겨 입어요.
남자는 밝은 붉은색의 천으로 옷을 만들고,
여자는 화려하고 다채로운 무늬의 옷에 구슬을 엮어 만든 목걸이를 걸쳐요.

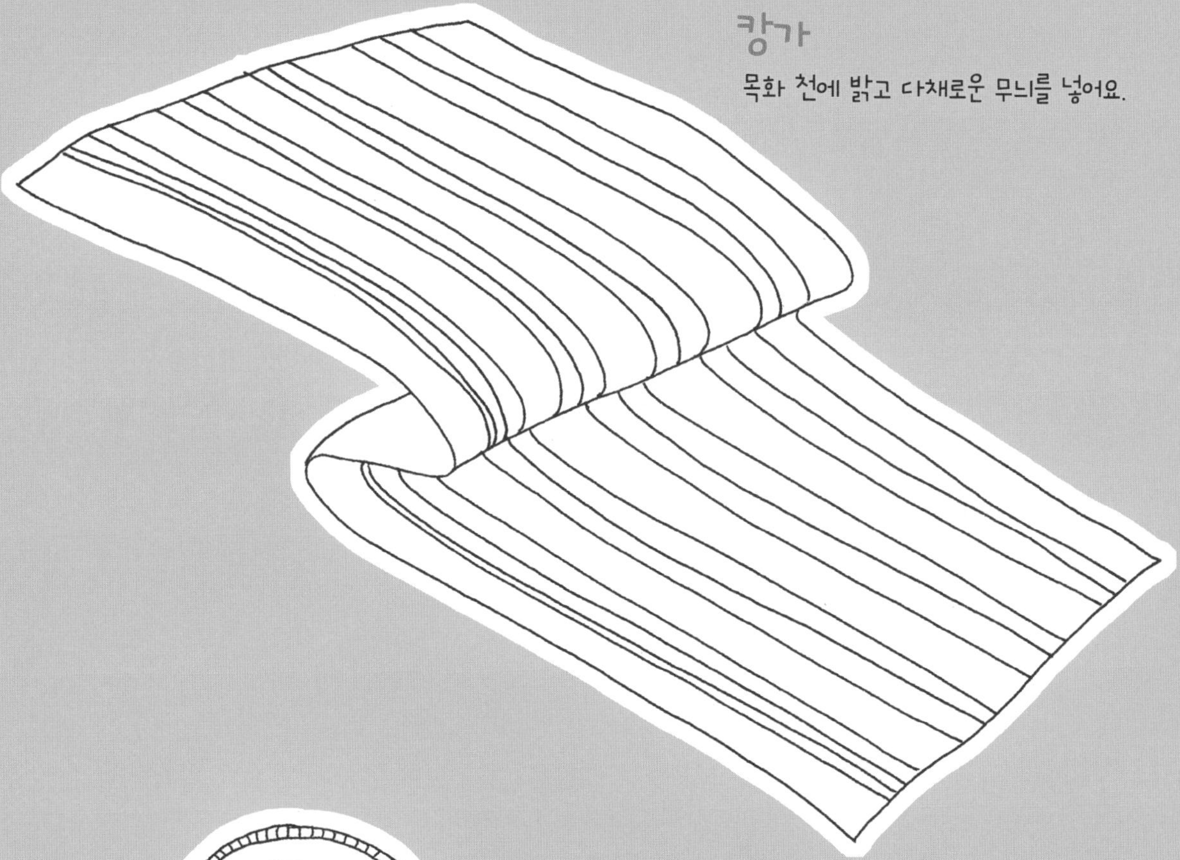

캉가
목화 천에 밝고 다채로운 무늬를 넣어요.

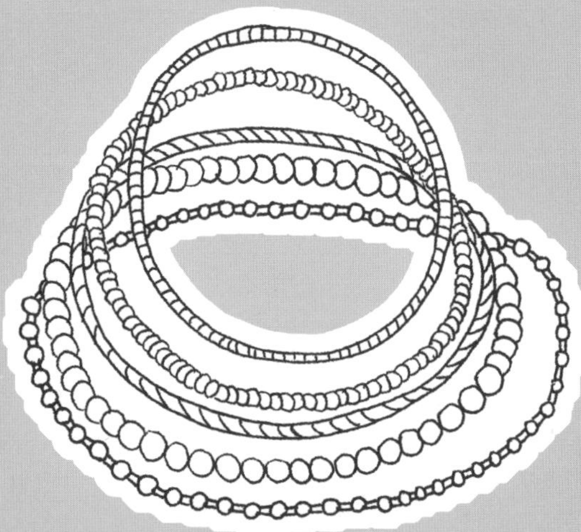

마시빠이
색색의 구슬을 꿴 목걸이